für Sindram

Matthias Koeppel

Berlin, d. 3.6.2017

Matthias Koeppel

# Jenseits von Duden

Ein interaktives Wörterbuch
der neuschwachhochdeutschen Sprache

Impressum

1. Auflage 2003
Copyright © 2003 Matthias Koeppel
Alle Rechte vorbehalten
Libelli-Verlag, Fuldatal
ISBN 3-936744-06-8
www.libelli.net
info@libelli-verlag.de

Mit „Jenseits von Duden" meldet sich Matthias Koeppel wieder zum Thema *Sprache* zu Wort, diesmal nicht als Dichter, sondern als Sammler modischer Worterscheinungen, die sich im Kommunikationsdschungel unserer Medien grassierend ausbreiten.
Neuschwachhochdeutsch, nennt der Autor die Fundstücke, die er in diesem Buch mit Witz und Verstand illustriert.
Die Lust an immer neuen Wort- und Begriffsbildungen ist im deutschen Sprachraum größer denn je. In Werbung, Literatur und Journalismus, in amtlichen und wissenschaftlichen Mitteilungen tauchen sie auf – zum Teil absurd, sinnvernebelnd oder anbiedernd anglophil – oft geben sie auch Anlass zu Heiterkeit.
In einer Reihe **neokubistischer Selbstporträts** machte Matthias Koeppel hier den Versuch, einigen abenteuerlichen Wortgebilden zumindest einen künstlerischen Sinn einzuhauchen.

Abfindungsbrenner
abgewalmt
- Abscheurethorik
- **axiale Durchwegung**
acousmatisches Werk
adaptives Dämpfungssystem

---

für Ihre eigenen Wortfindungen

Acryl-Eckbrausewanne
achsiale Durchwegung

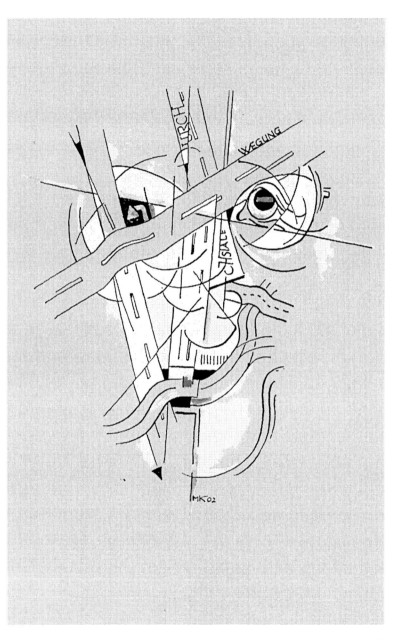

- **adaptives Rückhaltesystem**
- Adventuresandale
- After-Lunch-Führung
- Afterworkmassage
- Age-Simulator
- agroindustrieller Komplex
- Aktionsartikel

---

für Ihre eigenen Wortfindungen

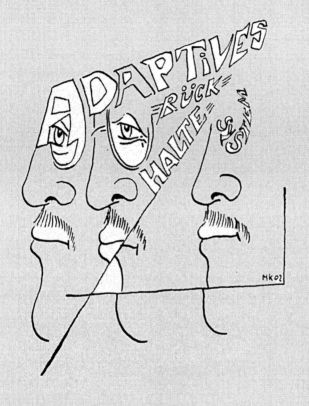

- Aktionsbrötchen
- **Aktionsflasche**
- alldimensionales Schweben
- Allroundstabilisator
- Alpenknuspern
- Alu-Schmiederäder
- amboinensische Dosenschildkröte

---

für Ihre eigenen Wortfindungen

Aktivgebirge
- Akkord ausbeiner
Alleinstellungsmerkmal
Aktions-Click-Paneel

amulettrot
**anatomisches Schnorchelrohr**
Ankernoppen
Ankochelektronik
Annaberger Haubenstrupphuhn

---

für Ihre eigenen Wortfindungen

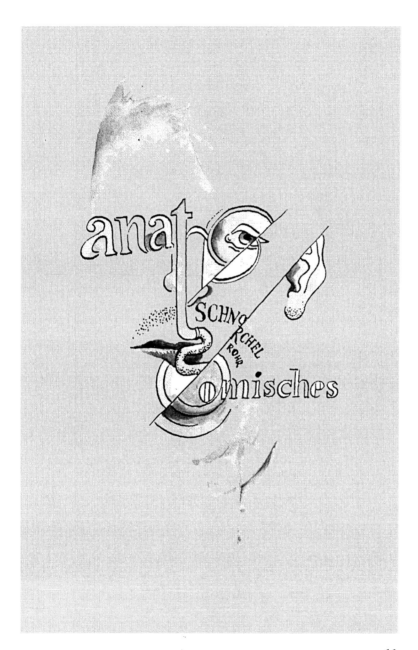

Anschlusspaket
Ansparabschreibung
**Anti-Aging-Bereich**
Antifleckveredelung
Antihafteffekt

---

für Ihre eigenen Wortfindungen

Anpassungsbedarf
Antipillingausrüstung
• Aktionskracher

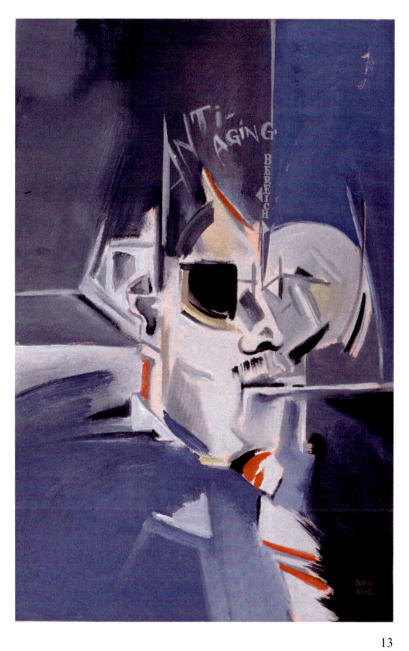

Antriebsschlupfregelung
- **anthropogene Ausbreitungsvektoren**
Anwendungsentwickler
Arbeitsfußball

---

für Ihre eigenen Wortfindungen

**Aromatherapie**
Aufenthaltsqualität
aufgedoppelt
Ausstatter-Blouson in softigem Nubukleder
Austauschdüsenstöcke

---
für Ihre eigenen Wortfindungen

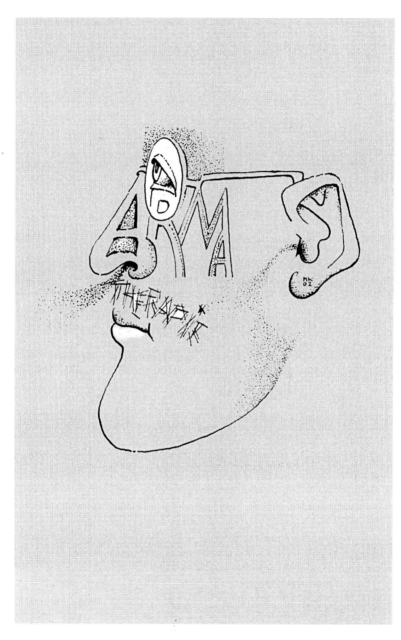

# B

Backshop
Balkenschröter
- Bassreflexsubwoofer
Bastel-Keime
Bedecktsamer
- Bedürfnisgewerbeordnung
Befeuchtungskammer
- Begründbarmachung
Beitrittsgebiet
belehrungsresistent
**Bemühungszusage**

---

für Ihre eigenen Wortfindungen

# B

Benzintrimmer
Bepfandung
beratungsresistent
**bereichsspezifische Funktionszeit**
Bereitstellungsentgelt
beriemen
Beschallungsware
Beschneiungssystem
Bespurung
Bestpreisgarantie
Beteiligungsmanagement
Betretenserlaubnis
Betroffenenrat
Beutel-Stäubling

---

für Ihre eigenen Wortfindungen

*Betreffzeile*

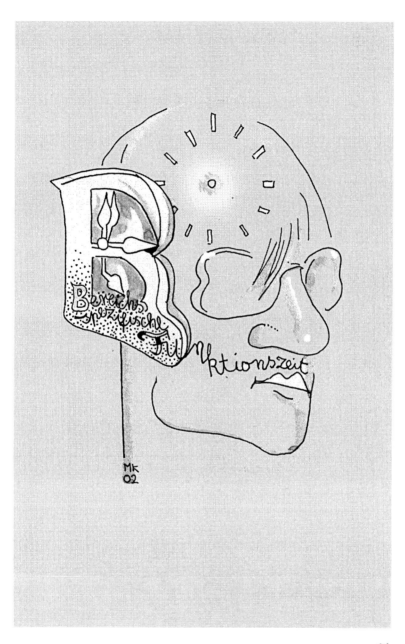

# B

Bewusstseinsindustrie
Beziehungsmanagement
Biegebock
Bienenbrotkaukapsel
Bierteigmäntelchen
Bike-Rucksack
- Bilanztuning
Bildungsbehinderte
Billigbeamer
- **Binnenpluralität**
Biogut
biologische Pollen-Kürbiskernkapsel
Biopic

---

für Ihre eigenen Wortfindungen

# B

- Biobombe
- Biodiversitätskonvention
- **biogene Sedimentation**
- Biokarottensaftpulver
- biokommunikativ
- biopolitisch
- **Bioputenbrüstchen**
- Biosensor
- Biosocke
- Biosumpf
- Bleibezähne

---

für Ihre eigenen Wortfindungen

- Bioknacker

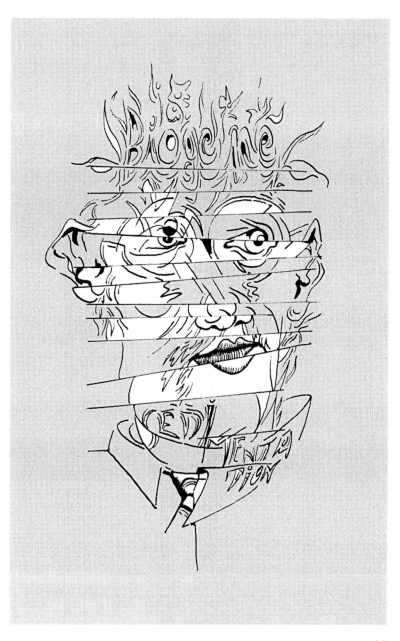

# B

Blindwanze
Blitzkochzone
Blumensteak
Bonusmeile
Bräterzone
- **Brat-Oase**
Bratschlauch
Braunwurzblattschaber
Brechbeutel
Brennstoffzellen-Stack
Brilliance Shining Pin
- Brühwurstbrät
Brush-Spitze
Brutlust
Bügellust
Bügelsohle

---

für Ihre eigenen Wortfindungen

# B

Buddelhose
Bundesergänzungszuweisungen
buntlaubiges Gehölzsortiment
Bürstendüse
Butterfreude
Butterkameruner

# C

Call-by-Call-Basis
Caprihose
Center Grill
Charisma-Kamera
* Chill-out-Zone
clubben
Cockpitsteppung
* committen
Connectivity-Möglichkeiten
Cuina-Dose
Cystoflagellat

---

für Ihre eigenen Wortfindungen

*Cross - Cutting - Schersystem*

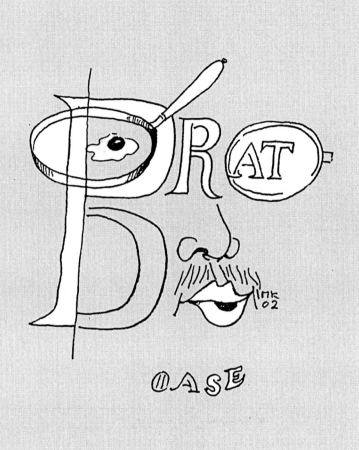

# D

- Damen-Funktionsbluse
- Damen-Rasierer-3-Klingensystem
- Dämmerungsautomat
- Datenerhebungsübermittlungsverfahren
- Datenrauschen
- Dauerflusen-Rollenset
- **Deckungsschleife**
- degressive Subventionszuwächse
- Designer-Baby
- Designerscheide
- Desktop-Alternative
- dezentrale Zentralität

---

für Ihre eigenen Wortfindungen

- Daseinsvorsorge

# D

Dickengenauigkeit
Dickenschnellmesser
Dienstleistungswüste
- Dipptruhenkanne
- Direktbrühdeckel
- Direktsaft
Direkt-Topper
Discoliege
Discovery-Channel-Dokumentation
Diskologe
Docking-Einrichtung
Donnerschwamm
**Doppelausgusskanne**

---

für Ihre eigenen Wortfindungen

Dip-Création
Direct Mailing

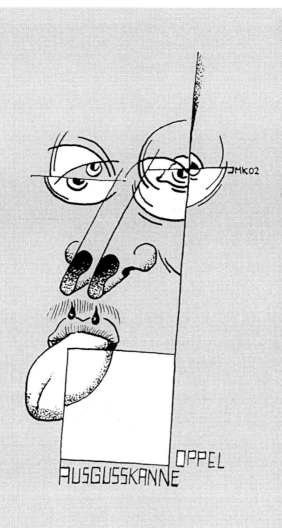

Doppeldildo
Doppeldusch-Glückstelefon
**Doppellocher**

---
für Ihre eigenen Wortfindungen

- **Doppelsack**
  Doppelstange
  Doppelstufigkeit

---
für Ihre eigenen Wortfindungen

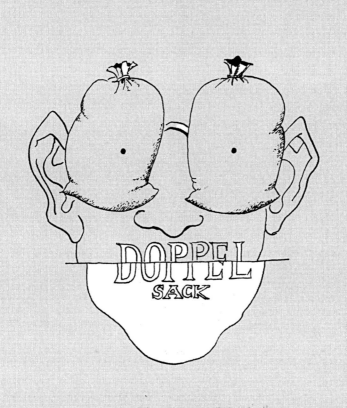

- doppelte Halbanalphabeten
- **doppelte Inneneckverpressung**
- Dornschwanzbilch

---

für Ihre eigenen Wortfindungen

Doppelabend

**Dörrobstmotte**
- Dreamlight-Kerzenhalter
Dreckfräse
Drehfleischsnack
Dreistemmdorn

---

für Ihre eigenen Wortfindungen

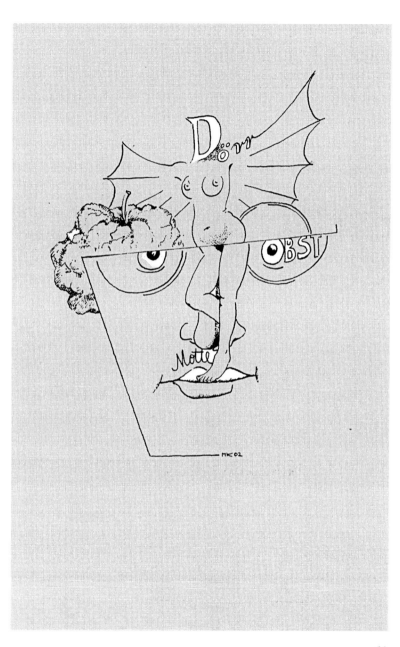

- **Drittmittelüberhänge**
- Dual-Opening-System
- Duftspüler
- Dunkelgangreserve
- Dunkelkusimanse
- Durchladesack
- Durchlaufschnitzler
- durchwegen
- Durstmobil
- Duschdarling
- Dusch-Radio

---

für Ihre eigenen Wortfindungen

*Druckschlinge*

# E

Easy Launch Taste
**Echthaarverlängerung**
Eckmundschnecke
Effekt-Wandlasur
Ehenichtigkeitsverfahren
Eichen-Zwergknäueling
Ein-Ei-Kocher
eingelobte Drittmittel
**Einspeisungsvergütung**
E-Müll
Energieeffizienzklasse A
entglobalisiertes Dorf
entheterosexualisieren
Entkanonisierung
Entlüftungsausmuldung
Entschleunigung
Entsorga

---

für Ihre eigenen Wortfindungen

einloggen
echtkomplett-Flat
Entmüdungsbecken
Eckküchenblock mit Landhausfronten in Vanill

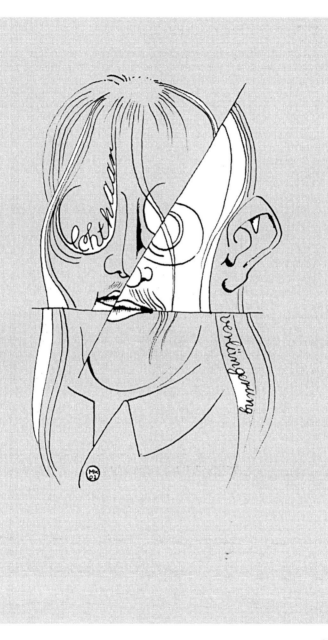

# E

- Entwurfsvorlageberechtigung
- epistolarische Erotik
- ergebnisorientierte Dialogpolitik
- ergonomische Liegezone
- Erlebnisbad
- Erlebnisgurke
- Erlebnisstrategie
- Erlebniszone
- Erstattungspflichtiger
- Erstarrungsbeschleuniger
- ertragsmaximales Ergebnis
- Euroeinführungsbeauftragter
- Eurozählbrett
- Event Marketing
- Event-Design
- Event-Renner
- Extrembiker
- exzentrischer Rasling

---

für Ihre eigenen Wortfindungen

Erdspieß
Erlebnisdusche
- Erlebnisneutralität
- Erregungsschleife
- Ermäßigungsberechtigter
Erlebnisdiscounter

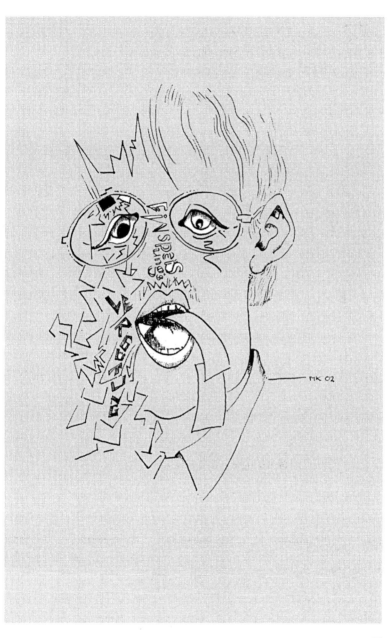

# F

Fachakutklinik
- fähigkeitsorientierter Gesamtansatz

Fälligstellung

Faltenfilterpatrone

Faltenunterspritzung

Fangsack

Fanshop-Produkt

Farbdusche

faserverstärkte Faltentasche

Faunenverfälscher
- Fehlerkultur
- Fertigdrink
- Feuchtebeaufschlagung

feuchtigkeitgesteuertes Trockenprogramm

Filmzunge

filziger Scheiben-Muscheling
- finalisieren

---

für Ihre eigenen Wortfindungen

*Fertigteich*

# F

Finanzdienstleister
Fischpralinen
Fitness-Food
Flachtöner
Flash-Mop-Aktion
* Flirt-Location
Flutbeauftragter
Flüstersauger
Flying-Eagle-Slip
Französling
Freizeitvisionär
* Fressfeind
Frisch-Duo-Kraftgel
Frischepreis
Frühbucherbonus
Frustrationskontingent
* **Frustrationstoleranz**
* **Fun-Back**

---

für Ihre eigenen Wortfindungen

*Flex - Integral - Mehrfach-Schersystem*

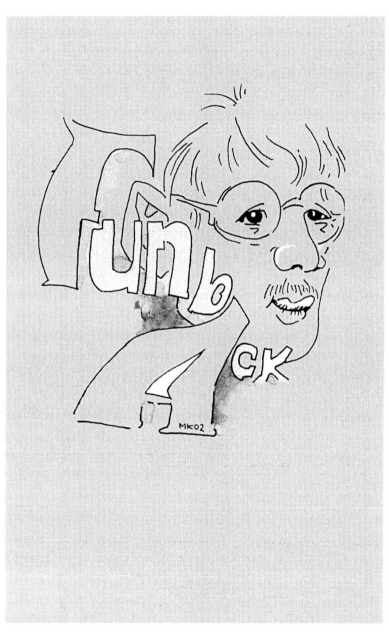

# F

' Funball
Funktions-Piqué-T-Shirt
Fußkreuz
Futtersaft
**Fuzzyfunktion**

---
für Ihre eigenen Wortfindungen

- Funktionssofa

# G

Galgenheftlade
Games Workshop
* Ganzfruchtjoghurt
Ganzkörperschleier
* **Gebrauchtwagenkonfigurator**
* Gefriervollei
gekühlte Vollglastür
Gel-Handschuh
Gelschreiber
Gemüsezubereitungs-Set
* generierte Fragetexte
Genfähre
Genmanipulator

---

für Ihre eigenen Wortfindungen

Ganzglastür
* Gabelmops
Gassenverkauf
Ganzkörperpeeling
Ganzkörperschuh

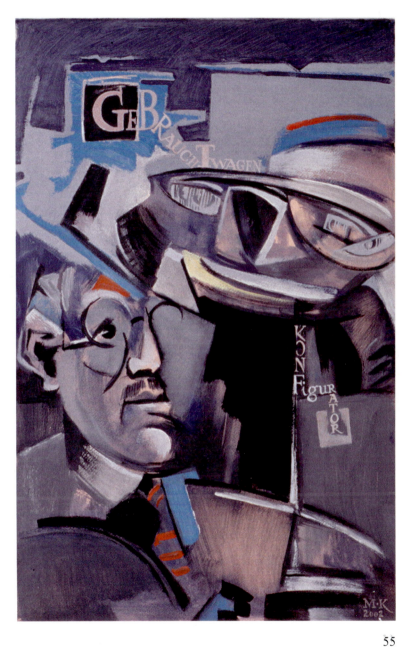

# G

Genomunternehmer
- genörpeltes Gartenklarglas
- Genussnoppen
- Genusstauglichkeitsbescheinigung

gepuffertes Velinpapier
geschäumtes Kartoffellauchsüppchen
gesetzliche Schwankungsreserve
gestreifter Teuerling
- gesundheitliche Nettoqualität
- **Gewinnerzielungsabsicht**

Gewinnverwendungsbeschluss
- gezonter Kork-Stacheling

---

für Ihre eigenen Wortfindungen

✗ Gewinnerwartungsabsicht

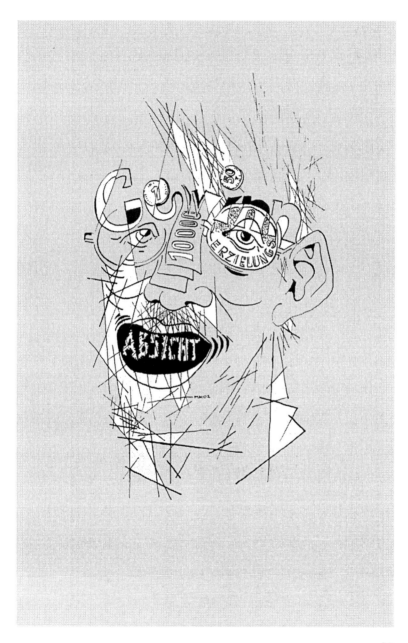

Gigaflops
* glanzreduziertes Feuchtigkeitsfluid
* **glasierte Zimtpflaume**
Gleichteilkonzept
* gleichzeitige Berechtigungsumschaltung
Glücksgutschein

---
für Ihre eigenen Wortfindungen

# G

 Glücks-Coupon
**Glückskeks**
Glücksrevue
Goalhüter
Goldschlägerhäutchen
Grafikpower
Graswurzelsystem

---

für Ihre eigenen Wortfindungen

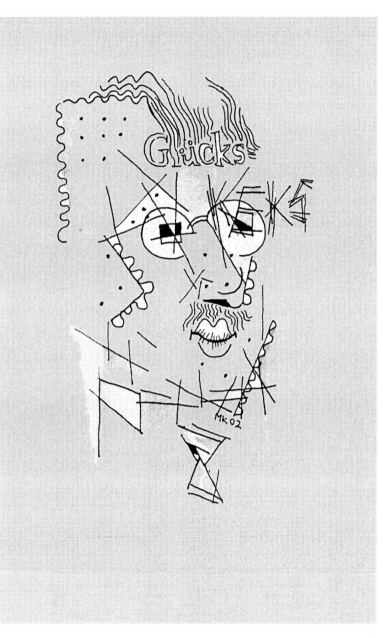

# G

Greifzone
- **grenzdebil**

Großkasper
Grundüberschussanteil
Gummigriffzone
Gummipflegestift
Gurkenqualle
- Gutfleisch

Gymbereich

---

für Ihre eigenen Wortfindungen

*Gropiusdrücker*
*Gummitaste*

# H

- Hackfleischpampe
- Halogen-Niedervolt-Kaltlichtspiegel
- Hammerpreise
- Handy-Finder
- Hängesammler
- Hartbrandwichtel
- Herren-Funktionshemd
- Heuchelschwulst
- **Hinterhauptslappen**
- Hiphop-Geschäfte
- Hipp Frucht-Pause
- Homezone
- Hopfenwurzelbohrer
- Horrormarmelade
- Hosensöckchen
- Hot-Dry-Rock-Kraftwerk
- Humangenomprojekt
- Hybrid Gel-Tintenroller

---

für Ihre eigenen Wortfindungen

*Herrenkommode*

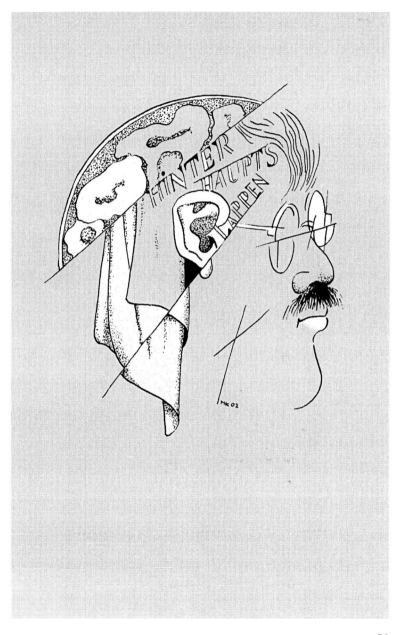

# I

Ich-AG
Ich-Gesellschaft
Ichhaftigkeit
Ichwichtigkeit
ideelle Miteigentumshälfte
- **ikonoklastisches Verfahren**
- Impulsartikel

---

für Ihre eigenen Wortfindungen

# I

- **Informationelle Selbstbestimmung**
- Innovationswüste

Innovationsmeeting
installativ
integrierte Trittschalldämmung
integrierter Gesichtsbräuner

---

für Ihre eigenen Wortfindungen

*Innenskalierung*
*Infimetrische Beinpresse (-> Kieser)*

# I

**integrierter Vibrationsalarm**
Intensiv-Color-Creme
interessenneutral
Interfleisch
intergalaktische Liftkarte
interkontextuell
Interlock-Alu-Saugrohr
internationales Mauskonsortium
- isotonische Durstlöscher

# J

- Jahresgesamtbewilligungsansätze
Jet-Bett
Job-Aktiv-Gesetz
Job-Floater
Junior-Folgemilch

---

für Ihre eigenen Wortfindungen

jugendliche Funktionsecke
- Internudel

Kannenschaltung
Käfigtiger-Syndrom
kardioselektiver B-Blocker
kardiovasculäre Funktionsdiagnostik
Käsewurst
- **Kauknochen**
kaviargetüpfelte Krustentier-Safran-Consommé
- Killerschabe

---

für Ihre eigenen Wortfindungen

Kampagnenflight
Kaltschaum - Komfort

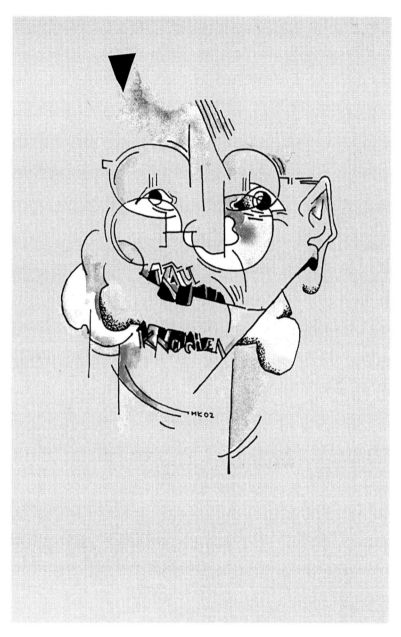

Kinder-Care-Learning-Center
Kinofeeling
* Kleinstmengenspritzgießmaschine
* Klemmbinder
**Klick-Mechanik mit Safe-Lockprofil**
Klicksystem
Klimagas

---

für Ihre eigenen Wortfindungen
* Klima vital stepp bett
* Kick-off-Phase

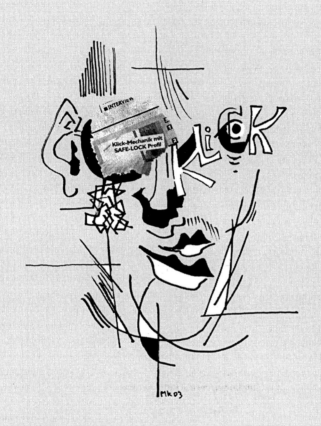

**K** Klootschießer
Knackarsch
- **Knethaken**
Knotenameise
- Knusperpause
Kohortentötung
Kombinationsbräterzone
Komfortbeauftragter
Kompetenzteam
Kompetenzzentrum
Komplementärwährung

---

für Ihre eigenen Wortfindungen

*Knoten Kompetenz*

Komplexannahmestelle
Komplexbrigade
Kompressorfanfare
Konsortialvertrag
◦ **kontextuelle Theologie**
Korkausballung
körpereigenes Selbstbelohnungssystem
Körperfettanalysewaage

---

für Ihre eigenen Wortfindungen

Kontroverstheologe
● kommunikationserwartungsraum
mit prozentualen Lochanteil.

**Kosmetikeimer**
Kraftklops
Kraftkornmalz-Baguette
Kräutertiefenschälkur
Kreativretusche
- Kreisgerätewart
Kringel-Frites
- krokogenarbtes Echtlederband
Kühlschrank-Labeling
Kulturdienstleisterin
kulturelles Spaltungsirresein
- Kuppeltorte
Kurpastor
Kurzfristreise
Kurzgröße
- Kurzschwanzmutanten

---

für Ihre eigenen Wortfindungen

Kuschelsack
Kurzarztbericht
Kreuzwender
Küchentimer
Kreuzbruchkerbe

# L

- Lack-Trichterling
- Large Format Printing
- Laser-Multifunktionscenter
- Lifestyle-Manager
- Lifestyle-Rechner
- Lochverstärkungsring
- Lollipop-Luder
- Lösebeutel
- **Lösungskorridor**
- Lustkiller
- Lustknopf
- Lustkugel
- Lustrippen

---

für Ihre eigenen Wortfindungen

Lavendelsäckchen
Langschlitztoaster
Lümmeltüten
Langflorshaggy
Lederfeeling

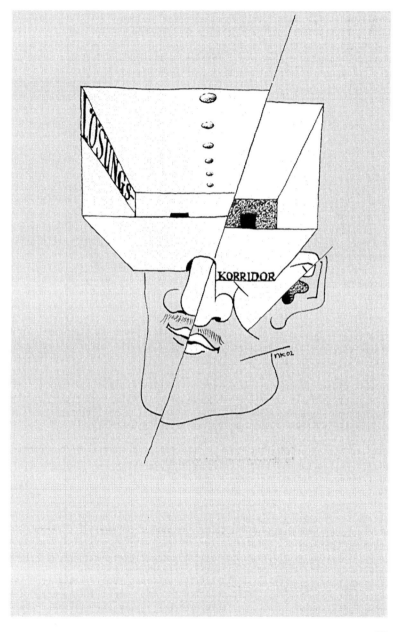

# M

- **Macdonaldisierung**
- Madagaskar-Fauchschabe
- Maggi Riesenappetitsuppe
- Magnetschmutzmatte
- Mainstream-Beauty
- Manndecker
- marmorierter Ferkelfrosch

---

für Ihre eigenen Wortfindungen

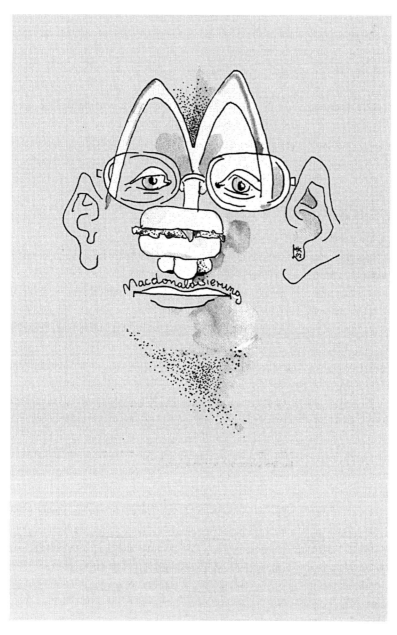

# M

* Maßnahmenpool
  Matching-Liste
  Maus-Genomsequenz
  **Mauszellextrakt**
* maximaler Sonderausgabenabzug
  Megamieze
  Megapixel-Werk
  Mega-Shopping

---

für Ihre eigenen Wortfindungen

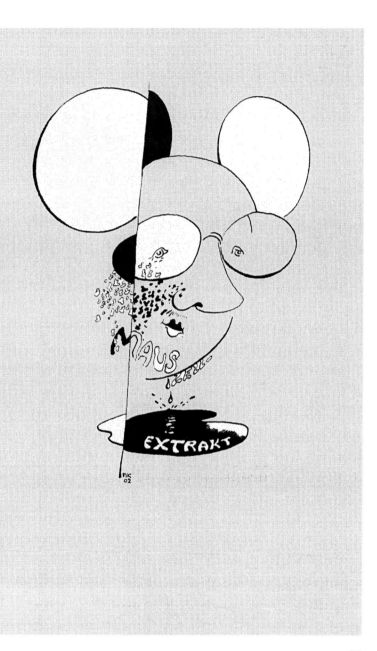

Megaverwöhner
Mehrscheiner
Mehrzonentaschenfederkern
**Memo-Quader**

---

für Ihre eigenen Wortfindungen

- Mehrkornkloß
- Mehrkammerschalenmenue

# M

Memory-Sitze
menschliche Futterzellen
 **metaphysische Schwurbele**i
Metro-Quality-Frischfleisch-Schalenprogramm

---

für Ihre eigenen Wortfindungen

*Metaphysische Transformation*

# M

Mietmaul
**Milchferkelkeulchen**
Mini-Sandwichmaker
Missbrauchbeauftragter
Mobilitätsanbieter
Modernisierungsverlierer

für Ihre eigenen Wortfindungen

# M

modualisieren
Modularisierung
 **Molekülsüppchen**
Motivationsbranche
Motivationsguru
Motivationstrainer

---

für Ihre eigenen Wortfindungen

Moon - Flower - Effekt
• modularer Querbaukasten

# M

Motivationsvakuum
* multifunktionelles Vibro-Ei
MultimediaMessagingService
**multimorbid**
Multiroomsystem

# N

Nachhaltigkeitsgipfel
Nachhaltigkeitsstrategie
Nachwahlziffer
Nacktaugenkalmar
Nacktgeißler
Nahfeldmonitor
Naschwerkpartner

---

für Ihre eigenen Wortfindungen

- ~~Das~~ multiples Vermittlungshemmnis
- Mundpflege - Center

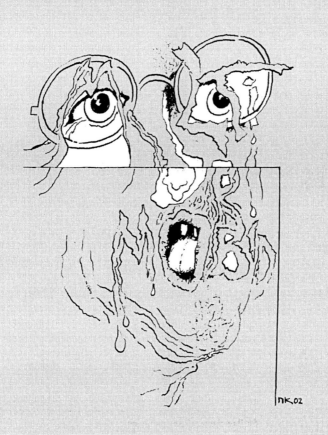

# N

Nasenbremse
Nassabriebbeständigkeit
naturschutzfachliche Validität
nebelgrauer Trichterling
Neubundies
Neulandschwein
neuronale Reifung
neurowissenschaftlicher Zugangsweg
- **Neuwagenkonfigurator**
Niederschlag-Perkolations-Dynamik
Nogaroblauperleffekt
Non-Fiction-Bereich
Nostalgieflasche
- Nostalgiesülze
Notebook-University
- Nudelkraft

---

für Ihre eigenen Wortfindungen

*Nussiger Lochkäse*
*Notizwürfel*

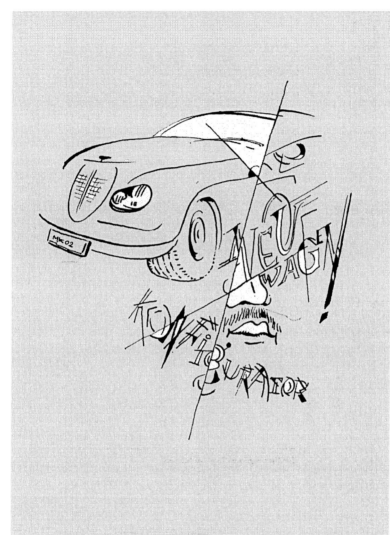

- O.K.-GmbH
- Oberkorbgeschirrspüler
- Off-Line-Proletariat
- Offline-Recherche
- Ökokonto
- Ökoputzliste
- Ökosäckchen
- ökumenischer Kirchenkorb
- **Omega-3-Fettsäure**
- ondulierte Knickschwanzmaus
- Online-Deutscher
- Online-Minigolf
- Online-Zocker
- Ossifizierung

---

für Ihre eigenen Wortfindungen

- Offroad - Optik

# P

**Parameter Input**
permanenter Welkepunkt
Pfandschlupf
• **Pfeifensteppung**
Pfirsichnote
Pflanzstiefel
Pisa-Rätsel
Pixelgigant
Plausibilitätsfilter
pluripotente Stammzellen
Pluspäckchen

---

für Ihre eigenen Wortfindungen

- Plug-in-Hybrid-Technologie
- Powerendstufe
- Plusfax
- Personenstromanalyse

# P

- Pointenschutt
- Pop-Chanteuse
- Popgeigerin
- Power-Air-Füllung
- Power-Rabatt
- Power-User
- Preisvorbehaltsklausel
- Premium-Kunststoffdachbahn
- Premium-Segment
- Pre-Safe-Vorkehrung
- Pressbengel
- Primärfassade
- Print & More – Karte

---

für Ihre eigenen Wortfindungen

# P

- **Privatkäserei**
- Privatkunden-Center
- Problemstofflogistik
- Profi-Auto-Cappuccino
- Pudel-Atelier
- Poulardenkeule
- Pumpe-Düse-Hochdruckeinspritzung
- Pumpspender

---

für Ihre eigenen Wortfindungen

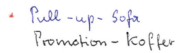

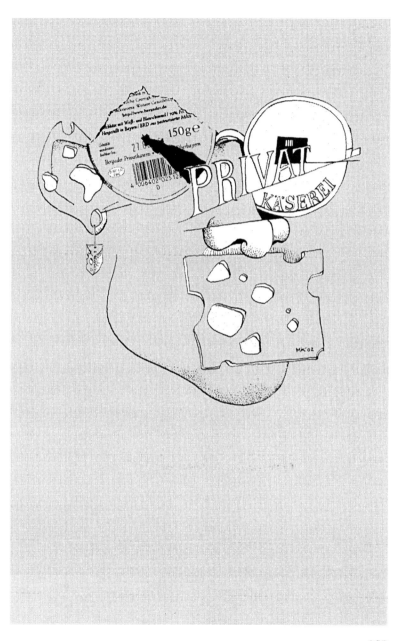

# P

Pumpsprüher
Punktlichtläufer
**Pyrolytische Selbstreinigung**
pyrotechnischer Gurtstraffer

---

für Ihre eigenen Wortfindungen

Putenhack

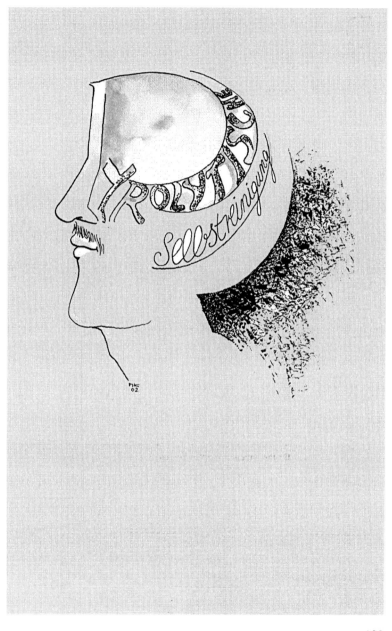

Quarkkeulchen
**Querschläfer**
Quesenbandwurm
Quietsche-Enten-Set
quintessentiell

---

für Ihre eigenen Wortfindungen

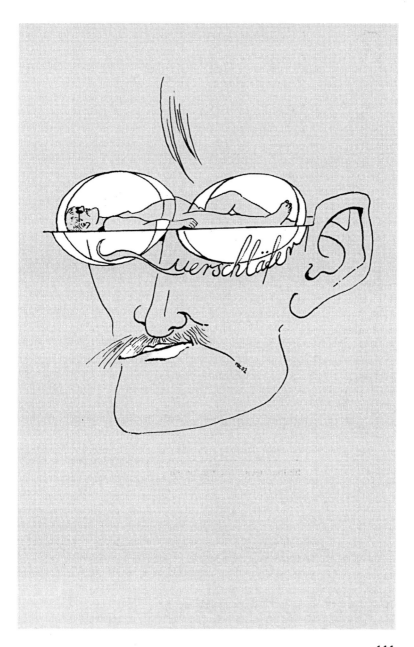

# R

Rahmenanwesenheitszeit
Raublungenschnecke
Regionalisierungsbeauftragter
Reifenbefüllung
Reihensechser
Reim-Automat
Reinstraumfertigung
Reiseshopping
Rekordmittelzufluss
Renditekick
Restlebensdauer
reversibler Gurtspanner
Riesenlorchel
Rieslingtalk
Ringwimperling
Risikobereinigung
**Risikopuffer**
Rissweitenbeschränkung

---

für Ihre eigenen Wortfindungen

*Relax – Guide*
*Rammrohrgründung*
*Rabatt – Kracher*
*Riemchen – Body*
*rekontextualisieren*

112

# R

- rotorpaddelgetriebener Senkrechtstarter
- Ruderwanze
- Rundgestrick

Rundum-Sorglos-Paket

Runningschuh

Rutschsicherheitsgruppe R9

# S

Sanddornfruchtfleischöl

Sauerstoffbar

Saugdiesel

Saugpinsel

Säurewecker

Schaumlackfestiger

Scheidungsrechner

Schein-Polyhistor

Schimmer Gel Spray

Schinkenspicker

---

für Ihre eigenen Wortfindungen

# S

Schläfenlappenepileptiker
Schleuderzungenmolch
Schleuderwirkungsklasse C
Schlupfform
Schlupfsprossen
Schlüssigkeitsprüfung
Schmetterschelm
Schnarchdiagnostik
Schnellrast
Schnippelbohnentopf
Schockrocker
Schokobienchen-Set
Schontrommel
Schotterkumulus
Schruppscheiben-Set
Schuldkuchen
**Schüttdosensatz**
schwirrköpfig

---

für Ihre eigenen Wortfindungen

Schokotrilogie
Schraubklemmenausgang
Schlummer - Step

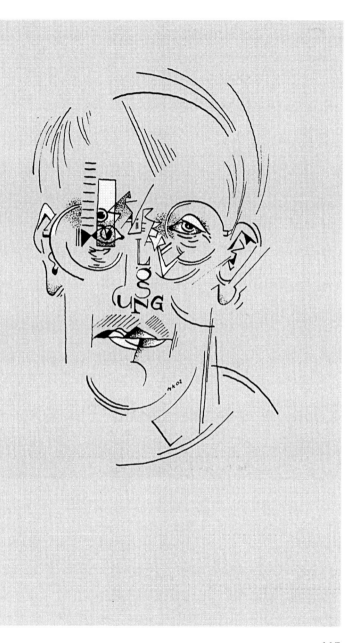

## S

Seelenwolke
- Seinsgewissheit

Seitenwangen in Wurzelholzoptik
- Selbstbräunungsmilch

Selbsterfüllungsprophezeiungen

Selbstversklavung

semitransparente Optik

sensitive Waschlotion

sensorgeregelte Mengenautomatik

Shop-Kette

Showergel-Milch

Sinternocken
- Sitzpinkler
- Sitzsack

**skalierbare Lösung**

Skandalhormon

Slim-Fast-Fertigdrink

Sofortrabatt

---

für Ihre eigenen Wortfindungen

Sichtboxenset
- Show-Allrounderin

Selbstkonvergierende Square-Tube-Farbbildrö

Sitzbezugspunkt

Selbstablesekarte
- Situativer Einzelesser

Sensitive Andruckkontrolle

# S

Softborsten
**Softzone**
Solidarpaktfortführungsgesetz
**Soll-Ist-Vergleich**
Sommerhaarkurkissen
Sonderergänzungszuweisungen
Sounddusche
sozial-mediale Realphantasie
Space-Wochen
Spaltensumme
spalthirnig
Spaßindustrie
Speisenbegleiter
Sporthartwaren
Sporttrinkflasche
Sprachfenster
Springaufbeschlag

---

für Ihre eigenen Wortfindungen

* Sommerdip

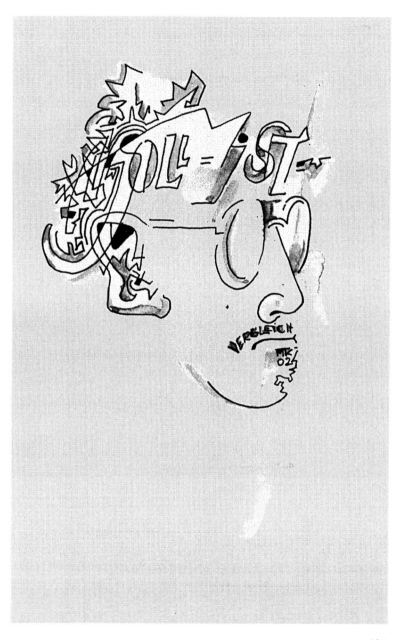

# S

- Standbodenbeutel
- Standfluter
- Statuskonferenz
- Stehsammler
- Steuervergünstigungsabbaugesetz
- Strähnchen-Super-Aufheller
- Strick-Chasuble in Loch-Optik
- Strukturelle Angriffsunfähigkeit
- Stylingdüse
- **Suburbanisierung**
- Sun Fun Vinyl-Jalousie
- Sun-Thai-Massage
- Super-Oversized-Rahmen mit Ballistic Federelement
- Super Pages
- Swops

---

für Ihre eigenen Wortfindungen

*Staubberater*

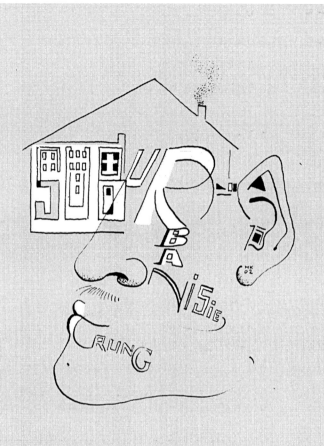

# T

Taktfunkenzündung
Taktung
Talentmarketing
* talibanös
Talk-Ikone
Tanzagoge
Teilchenkanone
Teppichkäfer
Teraflops
terrorismusbedingter Mehrbedarf
**Thermosaucenkanne**
Thermosublimationsdrucker
Tiefpreisschnäppchen
* Tipp-Kick-Tisch
Tischbombe

---

für Ihre eigenen Wortfindungen

# T

**Tisch-Flip-Chart**
Titel-Shooting
· To-Do-Liste
transfergeschichtliche Perspektive
Transformationsländer
Transhumanist
Traueragogin
Trauerklunker
Trend-Shop
Trend-Getränk
\ trendig, trendiger, am trendigsten
· Treuejubiläum
Trinksystemhalterung
Trockengehschutz
· Turbobürste
Turbotiger
Türpolitik

---

für Ihre eigenen Wortfindungen

Türstörung
Tortenglocke
Trauerfloristik
Taumelscheibe
Touring – Schlupfblouson
Tropfstopp – System
Turbo – Dampfente
Triple – Set

überbuschen
Überschlag-Shopper
- ultimatives Trenderlebnis
Ultraflatblackline S-Bildröhre
Ultraschallverneblung
Umwelttaxi
unbepfandet
- ungezonter Violett-Milchling
Universalindikator
Unterhaltungsbeauftragter
- **unverbindliche Inaussichtstellung**
Unwuchtkontrollsystem
Update-Funktion
urbanes Zeitgeist-Ranking
Urkampfhuhn

---

für Ihre eigenen Wortfindungen
- überlappende Mischnutzung

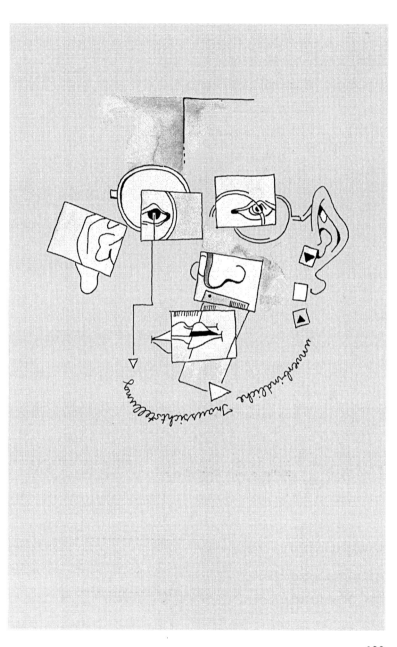

# V

Vario-Zipp-Ringmappe
verakten
 ❧ **Veralltäglichung**
Verantwortungssteuer
Verdrahtungskrise
vereinigungsbedingter Abbau
Vereinigungskommissar
Verkaufsflächentuning
 ❧ Verklappungsprotokoll

---

für Ihre eigenen Wortfindungen

 ❧ *Vereinzelungsschleuse*

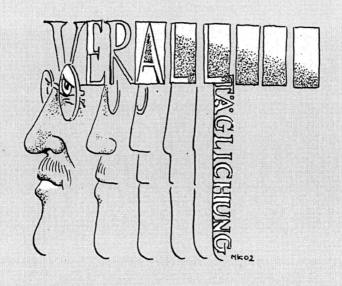

# V

- **verlebendigen**
- veronkelt
- Verpflichtungsermächtigung
- verpluggen

---

für Ihre eigenen Wortfindungen

Verschlauchung

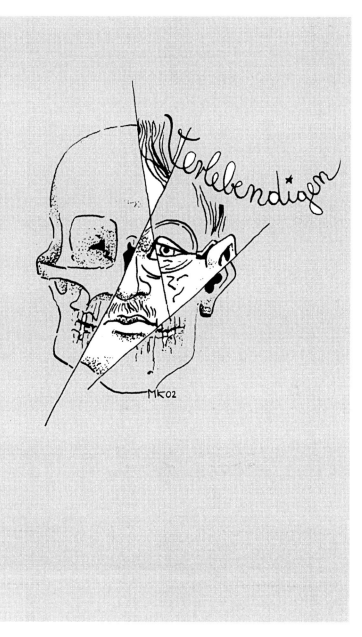

- **vertikaler Dampfschuss**
- Verwertungsbeauftragter
- Verwertungs-Know-How
- VIP-Tisch

---

für Ihre eigenen Wortfindungen

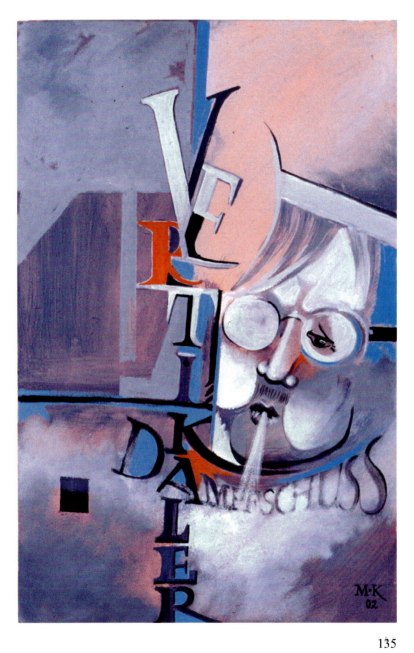

**Verzifferungsserie**
Videotelefonie
Vielbucher
**Viereckbräter**
Vierkantgreifglieder
* Vierkantweithalsbehälter
* vierpunktiger Sackkäfer

---
für Ihre eigenen Wortfindungen

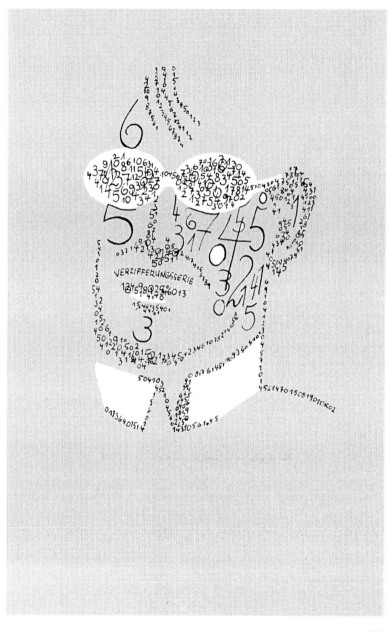

virtueller Kontakthof
Visionspapier
Visionssucheleiter
Volks-PC
volle Multimediafunktionalität
* Volleinudel
Volleipulver
* vollfugige Verklebung
* Vollstreckungsvergütungsverordnung
Voll-System
* Vollwertkeks

---

für Ihre eigenen Wortfindungen

Vollgas - Burnout
* Vollrindsoftnappaleder

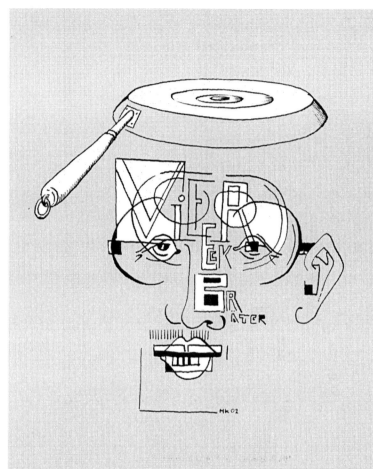

Vorbeitrittshilfe
* **Vorbescheidsanfrage**
Vorderzappler
* Vorfälligkeitsentschädigung
Vorkammer-Saugdiesel
Vorteilsprogramm
Vorverstärkerausgänge
voten (ich vote, du votest ...)

---
für Ihre eigenen Wortfindungen

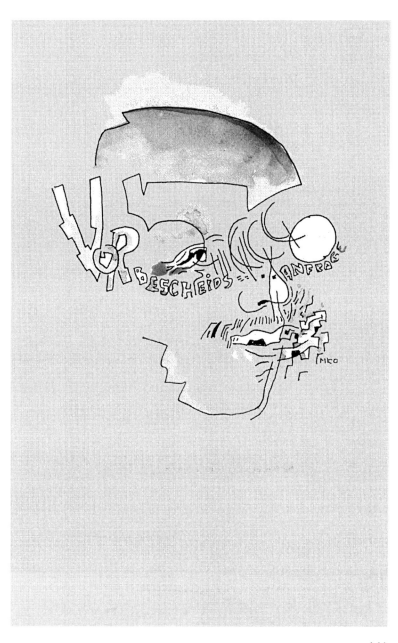

Wahrnehmungsberechtigter
Walkmantel
**Warmduscher-Girls**
Warmluft-Curler-Set
Warmwalze
✣ Waschsauger
Waschwirkungsklasse A
✣ wasserdampfdiffusionsadäquat
Wattekartell
Web-Wirtschaft
webbasierte Client-Server-Anwendung
✣ Weg-Fetz-Body
Weg-Fetz-Preis
Weltsiegerabstammung

---

für Ihre eigenen Wortfindungen

✣ Weihnachtsbutter
✣ Wandelgenußschein

**Wertberichtigungsbedarf**
Wertschöpfungskette
West-Nil-Virus
Wickensackträger
Wiedervernässung
Wild-Sex-Bikini
Windelforscher
Winkelwangentisch
Wirkflächenreibung

---

für Ihre eigenen Wortfindungen

Wohlfühleldorado
Wohlfühluniversum
· Wohnumfeldanlage
· Wollustriese
· **Wulstling**
Wurstsoljanka

X-Box-Konsole
· X-Box-Power
X-Drive-Einheit

---

für Ihre eigenen Wortfindungen

*Wurzelbrötchen*
*Wurzelautomatik*

# Z

zahlungsgestört
Zahnzwischenraumtasche
Zargenschaum
Zehenspreizer
zellfüllender Deckabstrich
Zertifizierungsstelle bei der Bundesanstalt für Finanzdienstleistungsaufsicht
Zettelklotz
Zieh & Zisch-Öffnung
Zielwahlspeicher
Zimtlatschen
Zipp-off-Cargohose
* **Zipp-Off-Hose**

---

für Ihre eigenen Wortfindungen

*Zweikreis bräter zone*

# Z

- **Zufriedenheitsumfrage**
- Zugabestelle
- Zuwegung
- Zwei-Kulturen-Snow
- Zwei-Wege-Zipp
- Zwergkaninchen-Menü
- Zwitscherheupferd
- zyklusorientierte Projektplanung

---

für Ihre eigenen Wortfindungen

*Zuwiegefunktion*

100 Watt Heißbrüh-System
12-Megapixel-Bild
14-Tage-Finder
2-in-1-Kombi-Buch
 2-Bett-Innen-Glückskabine
3-Lagen-Abschaltautomatik
4-Stufeneinspülung
500 Kontrollettis
5-Zonen-Tonnentaschenfederkernmatratze

für Ihre eigenen Wortfindungen

Der Autor:
Matthias Koeppel, Jahrgang 1937 lebt und arbeitet als Maler in Berlin. Er war hier bis 2003 Inhaber des Lehrstuhls für Freies Zeichnen und Malen an der Technischen Universität.
Neben zahlreichen Ausstellungen im In- und Ausland veröffentlichte er mehrere Bücher in der Kunstsprache *Starckdeutsch*.
1998 wurde ihm das Bundesverdienstkreuz verliehen.

Matthias Koeppel bittet seine Leserinnen und Leser, ihm ihre Wort(auf)findungen zu übermitteln, um damit weitere Auflagen dieses Buches zu bereichern.
Fax:   030 8739373
email: atelier.smk@freenet.de
oder:  koeppel.jvd@libelli-verlag.de